Marie-Luise Trobitius
Steine und Stille

Unter den Steinen
liegen die Worte
geschliffen
von Wasser und Wind

Ich möchte sie umdrehn
will in die Mitte
wo sie nicht
zu heben sind

Für Manuel, Kolja
und J.

Herausgeber:
Rudolf Stirn

Marie-Luise Trobitius

Steine und Stille

Gedichte

federleicht
und doch
felsenfest, vogelfrei
und doch hautnah,
beflügelt
und doch verwurzelt.

1. Advent 2003

ALKYON VERLAG

für Inge

Annerl

Bibliografische Information der Deutschen Bibliothek
Die Deutsche Bibliothek verzeichnet diese Publikation in der Deutschen Nationalbiografie; detaillierte bibliografische Daten sind im Internet über http://dnb.ddb.de abrufbar.

ALKYON VERLAG
Gerlind Stirn
Lerchenstr. 26
71554 Weissach i.T.

Druck und Verarbeitung:
Gruner Druck GmbH Erlangen
Illustrationen: Gundula Schneidewind

ISBN 3-933292-64-6

Inhaltsverzeichnis

Eine in Gängen und Klüften entstandene Achatsammlung

I Schichtachate 9
Habe dem Himmel 10
Wo 11
Flieder und Salz 12
Niemandsland 14
Lippenrot 15
Rembrandts Farben 16
Vorbereitet 18
Verrat 19
Drei Könige 20
Umriß 22

II Sternachate 23
Steine und Wind 24
Komm und sieh 25
Requiem 26
Begegnung 27
Für Marie-Luise Philippi 28
Für Rose Ausländer 29
Père Lachaise 30
Voraussetzung 32
Morgen 33
Über das Maß 34

III Augenachate 35
Ebenbild 36
Diesseits und jenseits der Nacht 37
Lichtgrau 38

Dort 39
Maulwurfs Milch 40
Voliere.. 42
Jakaranda... 43
Hölzernes Gelächter 44
Die schönen Künste in Berlin 45
Promenade mit Pomeranzen für P......... 46

IV Feuerachate 47
Bestimmung.. 48
Erklärte Liebe 50
Granatapfel 52
Anrede 53
Gesuchte Richtung.................................. 54
Aufgeschlagen 56
Geteilte Beute 57
Grenze 58
Giebelkreuz, Trommelfell und Handpauke 60
Zuende lieben (für J.) 61

V Trümmerachate 63
Mitte rückwärts.. 64
Bergung 65
Der das die... 66
Bleibt 67
Heimkehr 68
Die einfachen Dinge 69
Kein Zentrum 70
Verstummt 72
Durchtrieben.. 73
Draußen 74

VI Wasserachate.. 75
Einzimmerwohnung 76

Nachtsprache ... 77
Zuordnung ... 78
Kinderfragen und Weltwunder ... 80
Leere Hände sind schwer ... 81
Medusa ... 82
Betrug der Nähe ... 83
Lyrisches Ich ... 84
Fragliches Sagen ... 85
Erinnerung nach vorne ... 86

VII Schlangenachate ... 87
Schubert am Meer ... 88
Wo käme ... 90
Terrasse ... 91
Mär ... 92
Kains Lieder ... 94
Oben und unten ... 95
Ob Engel fliegen, weiß ich nicht ... 96
Tun ... 98
Wahrheit ... 99
Mensch werden ... 100

Über die Autorin ... 101
Über die Illustratorin ... 101

I Schichtachate

Habe dem Himmel
die Haut aufgeschlitzt
Habe der Luft
die Knochen zerbrochen
Habe dem Meer
das Haar entrissen
zu wissen
woher
wohin

Wo

der Wind
den Wind vertreibt

die Luft
den Atem anhält

Worte
mit dem Kopf aufschlagen

tanzen
Masken

Flieder und Salz

Disteln
aus Himmelsfurchen
stürzen herab.
Im Flug noch
zerspellt
von den Zähnen
des Winds.
Flaum
von der Farbe
des Flieders,
gewogen vom Meer.

Niemandsland

Im Stromgebiet
einer fremden Zeit
bietet Erinnerung
dem Dunkel
die Lippen.
Sie stehen getrennt
neben dem Schmerz,
der den Flug des Eisvogels mißt.

Lippenrot

Schweigen
geschnitten
das Gras und die Lippen
ein Halsband aus Stimmen und Blumen
springt von der Sense

hinter karminroten Wiesen
taucht die Sonne
in den Rachen des Wals

Rembrandts Farben

Über den Lärm
des Vergessens
zieht der Wind
jahrtausendalt
den Fächer
der verlorenen
Jahre

Vorbereitet

Holz schnitzt die Stunde,
in die ich das Messer der
Sehnsucht stoße.
Hände lesen die Späne auf
und die zitternde Stille.
Füße suchen die Spuren
des nie Gewesenen.
Haar und Hügel
sind gekämmt.

Verrat

Das Vergrabene wächst über die
Schwelle meines Zimmers, schwarz
nicht wie Ebenholz.
Salz deckt den Tisch, das Bett, weiß
nicht wie Schnee.
Nackt schwimmt ein Wort im Raum
durch das hereinbrechende Licht, rot
wie Blut.

Drei Könige

Brich mir das Wort
nicht von den Lippen.
Die blaue Luft verschließt
die Silbenhaut.
Laß mich die Spuren
zu Ende schweigen
und schau in den Schnee:
Die Füchsin kam vorüber.

Umriß

In die eigene Gestalt
vermummt
würfelst du
im Morgenschnee
um Licht.
Mit der rechten Hand
hältst du
das von Sehnsucht
gegerbte Leder
des Bechers,
mit der linken entläßt du
die Augen
aus der Zeit.
„Wie spät ist es?“
fragt eine Passantin.
Ewigkeit,
antwortet es
in dir.
„Wie spät ist es?“
Die Stunde des Wassers,
das in den Rinnsteinen wächst
wie Kristall
in den Augen.

II Sternachate

Steine und Wind

Im Sternbild der Stille
ein jüdischer Friedhof,
hügelan
im Ringwall
einer fernen Zeit.
Nur der Wind geht
neben mir.

Hagebutten- und Schlehenblut
auf den Kristallfingern
des Winterlaubs,
aus dem die Steine
dem Tod entwuchsen.
Ihre Zahl liegt jenseits des Zählens.

Der Wunsch ins Gestein zu
dringen wie der Mohn
auf der Grabtafel.
Die Schönheit
hinter dem Licht
ist unverwundbar,
und der Wind
fürchtet den Tod
nicht.

Die Zeit ruht
wie das Blatt
in meiner Hand.
Im Steinblick
liegt das Echo der Stunde,
die jeden holt.

Komm und sieh

Wieder und
wieder
schlägt das Erloschene
Iriskrater
in die Augen
der Nacht

Komm
und leg das Gesehene
behutsam
in niemandes
Hand

Requiem

Von Gestirnen
die uns ansehn
möcht ich
eure Namen holen
den Herzschlag
durch sie hören
die Sanduhr
füllen

Ich kann nichts
für die Toten tun
ich kann
nur für sie singen

Begegnung

Ich trage
die Frühe
zur Nacht

Die Schlange
erhebt sich
im Rücken
des Orion

Für Marie-Luise Philippi

In dieser
Davidsnacht
stürzten
Mauersegler

stießen Schreie
in die steinerne Schlucht

fielen im Echo
stimmlos herab

Für Rose Ausländer

Einsam
an einem Eisteich
Seite um Seite
weinend
beim Eintauchen
in Deine Weise
weich zu sein
weit zu bleiben
im Leiden
wurde ich eins
mit allem
in zeitloser Reise

Père Lachaise

Die Grabsteine
stimmen
das Agnus Dei an
während der Zaunkönig
den Schnee
aus meiner Hand singt

Voraussetzung

Du hast nicht die Worte,
das Widerfahrene zu kleiden
in ein Sprachgewand.
Eine Atemlänge
bist du von allem getrennt.

Die Tage ziehen vorüber,
nur im Stillhalten
kannst du verschwinden
und bist aufgehoben
im Gespräch mit dem Tod.

Nachts suchst du ein Gefäß
aus dem Steinfleisch des Meeres,
das es aufnimmt
mit dem Schrecken,
bloßgelegt
durch das Messer
der Träume.

Morgen

Nicht umsonst
hast du die Rinde der Nacht
mit Harz bestrichen.

Der Schrecken des Morgen
lacht im Bernstein
unberührt.

Über das Maß

Kühl wie Schlangenhaut
streift der Wind
über das Wasser

Bezahlte Überfahrt
mit Münzen aus Angst
Der Atem
schwarzwinklig
zum Horizont

Von der Kante der Wellen
bis zum Meeresgrund
nimmt das ICH BIN
die Stille ein

III Augenachate

Ebenbild

Verworfen von der Wirklichkeit
bleibt
sie zu entwerfen
und zur Grenze zu gehen
bis in den Schoß der Katakombe
mit dem Fresko von Figuren

Das Werden der Farben
durch verlorenes Schauen
Flügel die Augen
die das Lächeln tragen
über den Scheitel der Nacht

Diesseits und jenseits der Nacht

Ich habe
eine Träne
gesehn.
Sie
zitterte
über den Namen,
die für Himmel
und Erde stehn.

Lichtgrau

In diesem Licht,
Getränk der Nacht,
fiel unverhofft ein
Mondsteintropfen, weiß
im Spiegel seines Schweigens,
der Himmel und mein Haar
ergraut

Dort

Die Sonne
wärmt die Leere,
der Wind
schützt das Geheimnis
der Leere nicht.

Nichts
springt von den Felsen.

Der Wind
ist außer sich.

Maulwurfs Milch

Im Wasser
 das langsam
  und unstet
   aus hungrigen
    Träumen rinnt
     hat heute
      ein Sternmull
       sein Junges
            gestillt

Der Sternmull ist eine säugende Maulwurfsart, die im Wasser lebt

Voliere

Im erhitzten Licht
der zwölften Stunde
gehalten von den Schenkeln
der Mauer
pflücke ich Fische
in ihrem Werk.

Verstreut über der Wiese
des Abends
stehn sie wie Lerchen
feigenfarbig
in der Luft.

Jakaranda

Jakaranda,
blaues Ebenholz,
tiefschwarz geädert und gebändert,
nicht spaltbar (fast),
vordringlich schwer,
doch leichter als das Baracara,
indisches Korallenholz,
dunkelbernsteingelb,
rot in Berührungsluft.

Jakaranda,
deine geflügelten Samen,
tragen sie noch die
Eigenheit
deines Stammes
in die zerbrochene Zeit?

Hölzernes Gelächter

Musik.
Aus Holz.
Feinjährig.
Verkernt.
Aschefrei.
Behöfte Tüpfel.
Leitbündel.
Grundgewebe.
Nach innen abgeschieden.
Markumgeben.
Gebürtig in Ringen.
Aufgenommen ins Orchester.
Xylophon getauft.

Die schönen Künste in Berlin

Am Ku-Damm sprach ein Afrikaner im
Bus meine Nachbarin unverhohlen an:
Vous êtes belle et triste.
Sie gab lächelnd zurück:
Belle et triste - ick?

Promenade mit Pomeranzen für P.

Augen auf
vergangene Stadt
Landschaften gezeichnet
Kupferstich artig und ganz
ohne Art der Blick

Zurück bleiben
beim Pomeranzenhaus oben
links neben der alten Bastion
Kraniche zwischen Zeitlöchern
in Berlin

IV Feuerachate

Bestimmung

Blau als Beginn
Als Überfall hat es begonnen
eingeschrieben
in den Augenblick
deiner Schweigsamkeit
gefordert im Jetzt

Das Wortblau
hast du im Mund
und in deinen Augen
gehalten
als kämest du
zur Besinnung

Rittersporn
Eisenhut
Männertreu
sagtest du und
dachtest dem Fallen
der Blütenblätter
entgegen

Jedes Blatt hast du
verfolgt
als der Wind
blau
über den Tälern
trieb

Nachts entfalteten
deine Hände
ein zweites nie

gewesenes Blau:
das Segel
des Himmels

Wir legten uns
unseren Schatten
zu Füßen weil es
dieses Dazwischen
brauchte im Morgengrau
in dem wir
jeder für sich
im Ungleichgewicht
standen als wäre
alles entschieden

Erklärte Liebe

Deine sanfte Gebärde
Dort wo mein Gesicht einst war
Der Doppelgänger meines Körpers
Möchte dir entgegnen

Komm

Granatapfel

Aus meinem Leben
habe ich eine Hütte gebaut:

die Wände sind Schatten,
ein Segel das Bett.

Im Licht des kleinen Tisches
erwarte ich dich

und werde dich bewirten
mit der Farbe einer Frucht.

Anrede

Schlaf
von Nacht zu Nacht
in einer anderen Gestalt
geh von Horizont
zu Horizont
gemeinsam
mit den Sternen
laß die Steine
brennen
im Feuerofen
der Herzwerkstatt

Gesuchte Richtung

Der Regen
spannt seinen Bogen
zwischen dem Himmel
und dem Wiesenweg
hinunter ins Dorf.

Unsere Worte
landen in Wellen
an, um wieder
auszulaufen
in den Ozean
der Nacht.

Meine Herzhaut
ist ein Segel,
das sich dorthin ausrichtet,
wo mein Gefährte
unterwegs ist.

Du sprichst vom Tod
deiner Frau.
Die Wege,
die du gehst,
bilden ein Netz
aus Fäden
der Erinnerung.

Ans Ende deiner Worte
könnte ich Tränen
setzen und darauf
ein Segel.

Wohin richtet es sich,
wenn es Kompaß ist
in memoriam?

Aufgeschlagen

Ich habe mich
mitgegeben dem Sturz
im Kopfstand unter Wolken

Augen
deine immer noch

gesucht

Geteilte Beute

Luzides Gelächter im Oktogon
der Kathedrale auf dem Meeresgrund.
Das Gerücht der Liebe hält
die Mosaiksteine der Kuppel beieinander.
Im Weltapfel der verschwundenen Christusfigur
kreisen Augen von Raubfischen
in Höhlungen für Edelsteine gedacht.
Teufelsrochen halten Mondfische
und Sterngucker in Schach.
Die Schatten der Meeradler verfolgen sich selbst.
Lilith füttert das Wassergetier
mit flüssigem Glas.
Beim Glockensturm stehen die Fische
in leerer Bewegung vor der Kanzel.
Das Notenkleid von Schuberts Streichquintett
schlingert in Fetzen am Geländer.
Pablo Casals hat sein Cello
mit Gräten bespannt.

Grenze

Den Meißel
treiben
in den Zorn
der Zerstörung
bis die Ränder
gebrochen
den Tanz
miteinander
eröffnen

Giebelkreuz, Trommelfell und Handpauke

Im Tympanon
klingt
ein von Herz
zu Hand
gereichtes Wort
das die Farben
Chagalls
in den Himmel wirft

Zuende lieben (für J.)

Die Kastanien meiner Augen
entkernt
durch die Erschütterung
Deines Schauens
haben trennende Eigenhaut
aufgebrochen
in eine einzige
auf und unter
der Erde

V Trümmerachate

Mitte rückwärts

Rückwärts lauf ich
Wundbrand auf den Knochen
stoß ich vor
bestimmt durch Worte
die auf Wanderdünen rücken
aus dem Wortmehl
mittwärts
in den Fluß

Bergung

Ich
Ich sehe
Ich sehe mich
Ich sehe mich im Schnee
Der schwarzgefiederten Nacht
Entkommen

Der das die

Du
Du behauptest
Du behauptest das
Du behauptest das eine
und andere
Ich
Ich behaupte
Ich behaupte mich am Rande
meiner selbst

Bleibt

Die Dohle hat sich ans Fenster gedrückt.
Auf der Kante kräuseln sich Algen und Tang.
Ein rotes Pferd jagt durch das Zimmer, schwarz
reißt das Fenster auf.
Schnauben von unfaßlicher Bedrängnis
stürzt in die Luft
der fliehenden Nacht.
Sie bleibt.
Sie bleibt gemeißelt
im Geruch von Tod
und fernen Schüssen.

Heimkehr

Umbenannte Straßen
unbekannte Plätze
Steine des Gewesenen
versprengt
über Treppen
ohne Haus
verirrte Teile
täuschende Schatten
ein verkohlter Tisch
verdorbenes Brot der Erinnerung

Die einfachen Dinge

Die einfachen Dinge
sind gegen mich
Beim Bäcker das Brot holen
Beim Metzger das Fleisch
Das Brot hat mich gebrochen
Das Fleisch verbrannt

Kein Zentrum,
alles in seinem eigenen Raum,
in seiner eigenen Zeit,
Wahrheit – wenn überhaupt –
dazwischen.

Die Balken träumen sich als Baum:
Tränen stürzen aus ihrem Kreuz.

Verstummt

Die Königskinder

sind im Fluß

ertrunken

Amsel Fink und Star

erdrosselt

Durchtrieben

Ein Pfahl
in einem Tier

Das Tier
über dem Kind
eingerollt
zum Schlaf

Es wird aufwachen
jenseits
der Menschen

Draußen

Ich stehe in der Nacht mit einer Gilge,
die ich dem Morgenstern entgegenstrecke,
daß beider Widerschein mir tilge
den Schrecken und der Irrnis Flecke,
die ich in Deinen wahngetrübten Augen sah.

Schwarze Erde hinter meinen Wänden,
Erde auch auf meinem Haar,
Lehm in meinen ausgerenkten Händen,
welche einen Kindertorso halten,
den der Trümmergott in meinem Ahnenhaus
gebar:
sein Rot, gebrannt, wird nicht erkalten.

Mein Sohn, es ist,
daß unsre Worte nicht mehr taugen,
ihr Klang zerspringt, ihr Sinn betrügt,
ich sehe mit der toten Mutter Augen,
wie uns als Riß die Norne aneinanderfügt.

"Gilge", Z.1 bedeutet „Lilie".

VI Wasserachate

Einzimmerwohnung

Schnee in meinem Zimmer
Ziffern und Zeichen entstellt
Gefrorene Gedanken
Kalt

Ich hauche sie an,
beschwör sie mit hitzigen Blicken,
reib Kopf ihnen und Herz,
schlag Brust und Beine
blau. Sie lösen sich nicht
aus der Starre.

Feuer in meinem Zimmer
Krachen und Splittern
Schreiende Funken und Rauch
Asche der Himmel das Wasser die Welt

Nachtsprache

Geträumt hab ich
das Eigentliche
kommt
aus der Stille
ihr Gesicht
seh ich
flüchtig
die Augen
der Nacht
die Stirn
des Himmels
der Mund
des Schwarzen Meeres
lautlos
durch
Sehnsucht
bewegt

Zuordnung

Vokale, Sibilanten
Metrum, Melodie
Brustlaute, Federschwingung

Stimmweb, das
den Biographien der Vögel
gleicht:
in ihren Klängen
ist ihre Wirklichkeit

So geb ich Auskunft
über mich
wie das Lied des Vogels:
auch er gehört keiner Schule an

Kinderfragen und Weltwunder

Eine Kinderfrage:
die nach Wundern.
Große Leute zählen
nur bis sieben.
Von allen das größte
ein anderes: Wort,
Grundbuch der Welt.

Leere Hände sind schwer

Weit draußen war
ich in der Leere
frei und groß
im weißgedeckten Raum.
Auf Händen ging ich
um daraus zu lesen
und kehrte nicht umsonst
zurück.

Medusa

Ich schreibe
aus eigenen
nicht freien Stücken
Unheimliches
in die versteinerte
Luft

Betrug der Nähe

Sinn
weit entfernt
von nahenden
Gedanken

Dichte
die Wege
ihrer Flucht

Lyrisches Ich

mit manchen
Wassern gewaschen
die Jahre
trocken geschleudert
der Rest
an Wortleinen
aufgehängt

Fragliches Sagen

Mein Sagen ist
Nicht mein
Sagen ist
Mein und nicht mein
Fragen

Erinnerung nach vorne

In dieser Nacht die fortschritt
ohne gemessen zu sein
verlor der Himmel sein Gleichgewicht
Durch die halbgeöffnete Tür trat er ein
stolperte und fiel in der Ecke des Zimmers
auf die Couch
Ich befand mich ihm gegenüber starrte ihn an
und wußte um die Abwesenheit meines Blicks
Einen schwebenden Moment später
war er es der mich ansah
wie ein Himmel einen Menschen
nicht anzusehen hat
Erinnerung setzte ein
Sie war nicht rückwärts sondern
nach vorn gerichtet
So wurde sie zum Spiegel in den ich
hineingehen konnte
Sein Grau war schwerelos und bewegt wie
angehauchte Asche
Von meinem Gesicht sah ich nur die Augen
Ich erkannte daß die Richtung des Blicks
die einzige Freiheit ist die es gibt
Mein Körper hatte sich fortgeschlichen
tiefer ins Innere der Stille
Er lag dort ausgestreckt gegen einen schmalen
Streifen Blau
das mir bis dahin verborgen geblieben war
Es war das Blau von Eulen die zu Nacht werden

VII Schlangenachate

Schubert am Meer

Jeder Ton
im langsamen Satz
aus Deinem Streichquintett
nahm sich
ein Blatt
des Olivenbaums
vor dem offenen Fenster
drang ein
in die Haut
aus silbergrünem Licht
ließ das Blattinnere
zittern

Der letzte Ton
hatte sein Blatt gefunden
die Luft hielt
den Atem an
und der Baum stand
reglos

bevor er sich
leise

vor Dir verneigte

Wo käme sie
aus, diese Bohrung
durchs Blau
Himmel und Meer
verbindend, die Träume
in Farbe tauchend

vollkommen
blau

Terrasse

Ein weißer Tisch über dem Meer
drei Stühle vom ersten Herbstwind
verrückt
noch atmen die Amphorenbäuche
Sommerwärme aus
Hibiskus streckt die Zunge
aus scharlachrotem Mund

Ein Feigenbaum hält seinen Fuß
in blankgeleckten Fels
der Himmel fischt im Meer und
schreibt sein blaues Alphabet
auf späte Wolkenrücken
Granatäpfel pfände ich nachts
auf sterngedecktem Tisch

Mär

Die Erde im Nachtschatten
das Flüstern der schwarzen Mutter
im Meer
Sterne Sterne
die Hüter der Schwelle

Tierlaute wie Märchenrufe
menschenstill

Dämmerung haucht Sternbilder aus
die Namen der Ahnen tragen
Berggipfel in der Schwebe des Lichts

Die dunkle Mutter zieht mich
in ihren Schoß
verrät im allmählichen Moment
ihren tiefblauen Ton
und trägt mich
auf helle Erde

Die Sonne die Sonne
ist groß

Kains Lieder

Über Ränder hinaus
findest du Nachbarschaft
bei Sternen Steinen und Mären

Rhythmen schwirren
von Bogensehnen
durch Hohlknochen geblasen
auf Baumstämme getrommelt
Töne wie Tierschreie

Unter Wasser ist es still
Kains Lieder nicht gesungen

Oben und unten

la pioggia, la pioggia

sich unbekleidet auf den Weg begeben
im Regen
an den Perlschnüren des Regens
entlang

aufgepflügte Erde
entsiegeltes Herz

nie Gesehenes erhellt den Weg
nie Gehörtes führt dich

Wegweiser ist die Freude
jenseits der Person
in den Himmel gesäter Same

du kannst Erde nicht in Wasser heben
und Wasser nicht in Luft

das Lächeln hat kein Gegenteil

la pioggia, la pioggia
la gioia

Ob Engel fliegen, weiß ich nicht,
warum sie nicht weiß sind, ist mir bekannt,
und daß sie kommen, liegt auf der Hand

ich würde rufen

ich

würde

in den Augen

das Gewicht der Welt

lesen

in der Hand

leise leise

eine

Ewigkeit

zwischen meiner Haut

und

dieser Hand

Tun

Nichts
nachträglich
alles
zu seiner Zeit

die Akzente setzen
sérénité / sévérité
in ihre Kraft
in ihren Klang

nicht das Viele
das Gesammelte
in die Wirklichkeit
holen
und heben
was niederdrückt

nicht achten
auf die Anstrengung
achten
auf die Kraft

das Gewohnte verlassen
und das Haupt beugen:
erhoben
sich fühlen
in der Handspanne
vom Herzen
zum Mund

Wahrheit

Ich bin
in der Tiefe
dort, wo alles
Gesetz ist
bar jeder Erklärung
vollkommen
und klar

Mensch werden

Was ist es
was den Stoff
der Stille webt?

Es ist dort nichts
und wenn du
ganz zu Ende gehst
so kehrst du wieder
und verstehst:

Am Anfang
war das Wort

Über die Autorin

Marie-Luise Trobitius, geb. 1949 in Aachen. Studium der Romanistik und Germanistik in Heidelberg, Lausanne und Montpellier. Lehrtätigkeit in Deutsch und Französisch bis 1996.
Verheiratet und Mutter von zwei Söhnen. Lebt und arbeitet in Darmstadt. Schreibt Gedichte seit 1995.
Publikationen:
Die Gedichte „Einzimmerwohnung“ und „Terrasse“ erschienen im Dezember 2001 in der deutsch-polnischen Anthologie „poesiebrücke most poezji“. Das Gedicht „Verrat“ wurde von Cord Meijering vertont.

Über die Illustratorin

Gundula Schneidewind, geb. in Versmold/Westfalen. Studium an der Kunstakademie Düsseldorf. Studium der Romanistik in Düsseldorf und Heidelberg. 1. und 2. Staatsexamen.
Seit 1984 Studium des Zen bei dem Zen-Meister Pater Willigis Jäger, Würzburg.
Ernennung zur Zen-Lehrerin.

Ausstellungen im In- und Ausland.
Arbeiten befinden sich in öffentlichen und privaten Sammlungen.
Lebt und arbeitet in Roßdorf und Darmstadt.

Anneliese Vitense
Sieben blaue Bäume
Gesammelte Gedichte
104 S., 3-933292-01-8
9,40 € (D) 16,70 SFR 9,70 € (A)
4. Auflage 2003

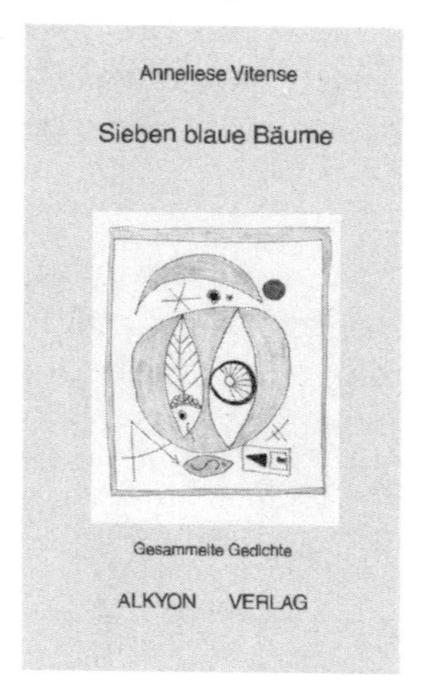

Gedichte aus fünf Lebensjahrzehnten, in der Stille bewahrt, ohne daß die im Juni 2000 verstorbene Autorin je an Veröffentlichung dachte. Ein Rundfunkredakteur, der von der Kraft dieser Gedichte bewegt wurde, fand für Anneliese Vitense, die bereits siebenundsiebzig und sehr krank war, einen Verlag und stellte sie im Bayerischen Rundfunk erstmals seinen Hörern vor.
Im Januar 2003 wurde ihr in der Sendung „Profile" im SWR eine beeindruckende Darstellung gewidmet, in der sie als eine einzigartige Stimme in der zeitgenössischen Lyrik gewürdigt wurde.

Anneliese Vitense, geboren 1921 in Schlüchtern (Hessen). Stationen: Berlin, Bad Schwalbach, München. Ikebana-Studium bei japanischen Meistern in München und Kyoto (Japan). Lehrmeisterin der Ikenobo-Schule, der ältesten Ikebana-Schule Japans. Beteiligt an Ausstellungen in Deutschland, Österreich und Japan. Einzige Buchveröffentlichung. Anneliese Vitense verstarb am 15.06.2000.

Jörg Neugebauer
Über den Zeppelinen
Gedichte
68 S., ISBN 3-933292-52-2
€ 8,90 SFR 15,90

Neugebauers Gedichte überzeugen durch ihre Sinnlichkeit und die Unverbrauchtheit der Bilder. Es sind Versuche die Schmerzstellen der Ereignisse auf unserer Haut festzubrennen.

Jörg Neugebauer, geb. 1949 in Braunschweig. Aufgewachsen in Ulm.
Nach dem Abitur Studium der Geschichte und Philosophie in München, später Tübingen. Lehrtätigkeit in Ulm.
Erste Buchveröffentlichung.

Maria Schröder
Beim Schmelzen der Hülle
Gedichte
97 S., 6 Abb., 3-933292-34-4
€ 9,40 SFR 16,70

Maria Schröder entwirft Natur als einen Ort, auf den Hoffnung gesetzt werden muss. Wo die Welt des Menschen täglichen Zerreißproben ausgesetzt ist, darf Sprache es wagen, in den Splittern des Sinns nach verhüllten Sternbildern zu suchen.

Maria Schröder, geb 1957 in Beilngries/Bayern.
Studium der Sozialpädagogik. Tätigkeit im Psychiatrie- und Altenheimbereich. Dazwischen mehrere einjährige Aufenthalte in Indonesien und Thailand. Erste Buchveröffentlichung.